La casa embrujada

A comic mystery for intermediate students
Featuring Pepino González, investigador privado

Arturo de Rosa

Illustrated by George Armstrong

 **Glencoe**

New York, New York   Columbus, Ohio   Chicago, Illinois   Peoria, Illinois   Woodland Hills, California

 Glencoe

Send all inquiries to:
Glencoe/McGraw-Hill
8787 Orion Place
Columbus, OH 43240

ISBN :   0-8442-7056-3
Printed in the United States of America
   16 17 18 19 045   10 09 08

Introduction

Pepino González, *investigador privado,* and his faithful assistant, Panzón, take an overdue vacation to Acapulco. As always, they find themselves in the middle of somebody else's troubles. In this case, "somebody else" turns out to be wealthy Texan, Mr. Dallas, and his beautiful daughter, Sandy. It seems that the house they bought in Acapulco is haunted. Or is it? The police can't help, so that leaves it up to Pepino González. And of course, Pepino and Panzón stumble and bumble their way to a solution.

La casa embrujada was written expressly for intermediate students of Spanish; the story is fun, the reading is easy. Each short chapter is followed by content questions to make sure students understand. Difficult vocabulary is glossed in the side margins and recollected in an end vocabulary. Amusing illustrations depict Pepino González in all his grandiosity — and they give an accurate idea of what Acapulco really looks like

Most important of all, as students enjoy themselves with Pepino and Panzón they will learn about the sights and sounds and the culture of Acapulco. They'll enjoy *La casa embrujada* just as they've enjoyed the other mystery adventures in the *Señor Pepino* series.

1. En las playas de Acapulco

—¡Ay! ¡Qué magnífico es el mar! ¡Qué día tan precioso!
¡Qué linda es la playa! ¡Es un día fantástico para enamo-
rarme de alguna bella acapulqueña!°

acapulqueña female resident of Acapulco

Pepino González, el famoso detective mexicano, y su
fiel° ayudante, Panzón, pasaban sus vacaciones en
Acapulco. Ese día estaban en la Playa de Hornos. Había

fiel faithful

mucha gente en la playa, todos disfrutando del° sol y
del aire fresco.

disfrutando de enjoying

Pepino, un hombre de unos 35 años, delgado, bigo-
tón° y casi calvo,° se creía muy guapo en su traje de
baño rayado. Era un gran soñador.° Siempre tenía la
cabeza en las nubes, soñando si no con la fama y la
gloria, con las bellas damas.

bigotón with a big moustache
calvo bald
soñador dreamer

También le gustaba decir que él era el mejor detective
de México. Aunque en realidad ni él ni sus «investigaciones privadas» tenían mucha fama.

Panzón era todo lo contrario. El era gordito, siempre
estaba de buen humor,° y sobre todo era un hombre
sumamente práctico y realista. A veces pensaba demasiado en la comida y había momentos en que no entendía bien todo lo que estaba pasando, pero era muy
simpático.

de buen humor good natured

—Sí, Panzón— continuó Pepino, —Acapulco es un
lugar ideal para descansar. Aquí estamos lejos de las
investigaciones importantes que hacemos en la ciudad.
Aquí nadie me conoce, nadie sabe que soy famoso, casi
tan famoso como Sherlock Holmes.

Panzón le iba a recordar que todavía no había logra-

do° mucha fama cuando notó que Pepino no le prestaba
atención.° Sus ojos seguían a un grupo de muchachas
que reían y jugaban entre las olas° del mar. Todas
estaban en bikini.

—¡Ahhhhh!— suspiró Pepino. —¡Qué bella vista!
Pero a Panzón no le interesaban las muchachas en
bikini. El era un hombre casado y el hambre que siempre tenía no lo dejaba° pensar más que en comer.

—Oiga,° jefe, ¿no quiere tomar algo? Vamos al café
de enfrente a comer un pescado.°

Pepino se puso° su impermeable° de detective y,
minutos después, los dos cruzaron la Costera Miguel
Alemán, una avenida ancha con palmas y flores en el
centro. Era la calle principal de Acapulco. Allí estaban
los hoteles más nuevos y las tiendas de lujo.° Siempre
había muchos turistas en traje de baño y acapulqueños
vendiendo conchas,° sombreros de paja° y aceite contra
el sol.° Pepino y Panzón se sentaron en el café.

—Para comenzar, quiero una sopa de frijol y un
ceviche—° pidió Panzón cuando llegó la muchacha a
tomar el pedido. —Luego un huachinango° con arroz,
unas tortillas, una ensalada y, de postre,° pastel con
helado de chocolate.

Pepino pidió una hamburguesa y se puso a observar el
café. Estaba casi lleno de gente. Había un fuerte olor a
cerveza° y a pescado frito.° Una radio tocaba *rock*. El
ambiente era alegre y Pepino se sentía bien.

—Me gusta estar de vacaciones— comentó Panzón.
—Sobre todo me gusta la comida de aquí.

—Sí, esta vez sí tienes razón, Panzón— respondió
Pepino. —Pero no dejes que se me olvide° de probar mi
nueva pluma de gas lacrimógeno.° Un día de estos
cuando no haya mucha gente en la playa, debemos
probarla. Ningún criminal sospechará de° una pluma
inocente. Con esta pluma podré° escapar de situaciones
peligrosas y así me haré° aún más famoso.

—Pero, jefe, es muy peligroso llevarla siempre consi-
go—° dijo Panzón. —En vez de firmar un cheque con
tinta,° puede equivocarse y firmarlo con gas. O posiblemente...

no había logrado	he hadn't achieved
prestaba atención	was paying attention
olas	waves
no lo dejaba	did not let him
Oiga	Listen
pescado	fish
se puso	put on
impermeable	raincoat
de lujo	luxurious
conchas	shells
paja	straw
aceite contra el sol	suntan oil
ceviche	shrimp cocktail
huachinango	red snapper
postre	pastry
cerveza	beer
frito	fried
no dejes...olvide	don't let me forget
gas lacrimógeno	tear gas
sospechará de	will suspect
podré	I shall be able
me haré	I'll become
consigo	with you
tinta	ink

Pero Pepino no lo escuchaba porque en ese momento vio a la muchacha más bella del mundo. Estaba sentada en una mesa cercana. Era joven, rubia y de pelo largo. Estaba acompañada de un hombre más viejo. Pepino notó que algo no estaba bien. El hombre tenía la mirada preocupada y los dos parecían estar tristes.

—¡Ay, papá! —Pepino la oyó exclamar. —¿Qué podemos hacer? ¡A lo mejor estamos en peligro! ¿Quién nos ayudará?

Sin pensarlo, Pepino se levantó. Siempre se había creído un «Lancelot» mexicano que salvaba a damas en peligro. Y ahora quería ayudar a esta muchacha tan bonita.

—Discúlpeme,° señorita— dijo Pepino, —pero acabo de oír lo que dijo. Soy un investigador privado y, si tiene algún problema, puede contar conmigo.°

Discúlpeme Excuse me

contar conmigo to count on me

Panzón no sabía lo que ocurría. Miró a su jefe con la boca abierta.

—¡Ahora sí, se ha vuelto loco° de verdad!— pensó.

se ha vuelto loco he's gone mad, crazy

El hombre y la muchacha también parecían algo sorprendidos. Por fin habló la muchacha.

—Es usted muy amable, señor...

—Soy Pepino González, a sus órdenes,° y éste es mi ayudante, Paco Panzón.

a sus órdenes at your service

El hombre mayor pensó unos momentos.

—Pues, sí creo que usted nos puede ayudar.— Extendió la mano a Pepino —Soy Sam Dallas. Quiero presentarle a mi hija, Sandy.

Panzón continuó mirándolos con la boca abierta. No entendía nada de lo que pasaba, pero conocía muy bien a su jefe y sabía que pronto los dos iban a embarcar en° nuevas y quizás peligrosas aventuras.

iban a embarcar en were about to begin

1. ¿Dónde pasaban sus vacaciones Pepino y Panzón?
2. ¿Cómo es Pepino? Descríbelo.
3. ¿En qué piensa Panzón?
4. ¿Adónde fueron a comer los dos?
5. ¿Qué quiere probar en la playa Pepino?
6. ¿Cómo era la muchacha que vio Pepino?

4

7. ¿Cómo era el hombre que la acompañó?
8. ¿Por qué habló Pepino con la muchacha?
9. ¿Te gustaría pasar tus vacaciones en Acapulco?
10. ¿Qué prefieres comer, pescado, ceviche o una hamburguesa

2. Un problema grave

El Sr. Dallas y Sandy hablaban con los dos investigadores. El Sr. Dallas tendría unos 50 años y se parecía a un vaquero° de las películas.

—Hace dos días, mi hija y yo llegamos a Acapulco. Somos de los Estados Unidos, de Texas, pero...

—¡Qué increíble!— interrumpió Panzón. —¡Jamás he conocido a nadie que hablara° tan bien el español en sólo dos días!

vaquero cowboy

hablara might speak, spoke

—No, no— dijo Sandy, —papá y yo hemos hablado el español desde hace mucho tiempo. Hemos visitado a México varias veces y, además yo estudio en la UNAM.°

—¡Ay, señorita! ¡Habla nuestro idioma como un ángel!— exclamó Pepino.

UNAM Universidad Nacional Autónoma de México (the largest university in Mexico)

El Sr. Dallas lo miró severamente. Tenía poca paciencia.

—Bueno— continuó, —siempre me ha gustado México y ahora que mi hija estudia aquí, pensé que sería buena idea comprar una casa. Un día en un periódico de Texas vi un anuncio° de una casa en Acapulco. Descubrí que la casa había estado vacía por mucho tiempo y que Mario Martínez, el dueño, me la vendería° a un precio muy bajo. El me mandó unas fotografías de la casa. Al verlas° decidí comprarla.

anuncio announcement, advertisement

me la vendería would sell it to me

Al verlas On seeing them

Mientras hablaba el señor, Pepino miraba a Sandy. Se imaginaba que ella era una princesa y él un valiente caballero andante° que haría cualquier cosa por ella. Pero, en ese momento, Panzón le dio una patada° debajo de la mesa.

caballero andante knight errant
patada kick

6

—¡Eh, jefe!— dijo su ayudante en voz baja. —¡Despiértese!

—¡Eh! Sí, sí, siga° con su historia— le dijo Pepino al Sr. Dallas.

siga continue

—Han oído casi todo. Sandy y yo llegamos a Acapulco y fuimos a nuestra casa nueva. Pero desde el momento en que llegamos, han ocurrido cosas muy extrañas.

Al oír esto, Pepino sacó un cuaderno y un lápiz del bolsillo del impermeable. Hizo unos apuntes.°

apuntes notes

—¿Cosas extrañas?— preguntó.

—Sí— respondió Sandy. —Cada noche hemos oído ruidos misteriosos en la casa. Pero, cuando los investigamos, no hemos hallado nada. Además, cosas han desaparecido. Y hoy— continuó la joven en una voz nerviosa, —recibimos una carta anónima escrita° con sangre. La encontramos pegada° a la puerta con una navaja.°

escrita written

pegada stuck

navaja knife

Sandy le entregó° la carta a Pepino. Decía simplemente: «Si no se van de aquí inmediatamente algo malo les pasará.»

entregó gave, handed

—¡Cómo!— exclamaron los dos detectives. —Esto es muy serio. Deben ir a la policía.°

la policía the police (in general)

—Ayer fui— afirmó el Sr. Dallas. —Los policías° fueron muy amables, pero me dijeron que ahora están demasiado ocupados buscando a los bandidos que han robado varios bancos en México. El capitán me dijo que debo ignorar la carta porque quizá sólo sea una broma° de niños traviesos.°

Los policías The policemen

broma joke

traviesos mischievous

Pepino se levantó de la silla y declaró en una voz grave e importante:

—¡Este es un asunto° muy serio! Si la policía no puede ayudarlos, sólo un experto, como yo, puede llegar a la verdad. Vámonos ahora a su casa para que pueda° comenzar mi investigación.

asunto matter

para que pueda so that I may

—Pero, jefe— se quejó Panzón, —¿ha olvidado? ¡Estamos de vacaciones! Vinimos a Acapulco a descansar, ¡no a trabajar!

—¡Caramba, Panzón!— le regañó° Pepino. —¡Recuerda que somos detectives! Como dice mi héroe, Sherlock Holmes, «un detective nunca descansa.»

regañó scolded

1. ¿Cuánto tiempo han hablado español Sandy y su papá?
2. ¿Cómo se interesó el Sr. Dallas en la casa en Acapulco?
3. ¿Qué ha pasado en la casa desde que ellos han vivido allá?
4. ¿Cómo era la carta que encontraron pegada a la puerta?
5. ¿Qué mensaje fue escrito en la puerta?
6. ¿Adónde fue el Sr. Dallas para conseguir ayuda?
7. ¿Qué le dijo el capitán de la policía?
8. Según Pepino, ¿qué dice Sherlock Holmes?
9. ¿Eres travieso o serio?
10. ¿A ti te gustaría estudiar en la UNAM?

3. La casa misteriosa

En camino a la casa del Sr. Dallas, el grupo pasó por una calle estrecha. Desde el asiento de atrás del taxi, Pepino, Panzón y Sandy miraron todo con interés. La ciudad cambiaba de ambiente, era vieja y menos turística. Pasaron por el zócalo° y vieron la catedral blanca y azul con sus torres y su cúpula° de oro.

zócalo main plaza

cúpula dome

—Estamos en la parte más antigua de Acapulco— explicó Sandy. —Acapulco fue descubierto en 1532. Era el puerto principal del Pacífico y era un importante centro de comercio de perlas, oro, plata y tela.° Pero con tanta riqueza y tanto comercio, se convirtió° en un pueblo de piratas y contrabandistas.°

tela cloth

se convirtió it became, turned into

contrabandistas smugglers

Pepino miró a Sandy con admiración.

—¡Ay, señorita! ¡Usted no sólo es bella, sino inteligente también! Conoce Acapulco mejor que nosotros.

—Pero, yo no entiendo— interrumpió Panzón, rascándose° la nariz. —La señorita dice que hay muchos piratas en Acapulco. Ya hemos estado aquí tres días, y todavía no he visto ni uno.

rascándose scratching

Todos se rieron de° él y el Sr. Dallas le explicó:

se rieron de laughed at

—No, Panzón. Ya no hay piratas en Acapulco. En 1927, se mejoró la carretera entre México y Acapulco y, entonces, el ambiente cambió. En pocos años se convirtió en un centro turístico de fama internacional. Y muchas estrellas de cine° vinieron aquí a vivir.

estrellas de cine movie stars

Después de pasar por la Gran Vía Tropical, el taxi subió una colina,° dejando atrás las playas y la ciudad. Flores y plantas de mucho colorido° crecían al lado de

colina hill

de mucho colorido very colorful

9

la carretera. Alejadas° del camino se podían ver algunas casas, que aunque eran viejas, eran grandes y elegantes. El auto se paró frente a la reja° de una de estas casas. El Sr. Dallas le pagó al chofer y todos se bajaron rápidamente.

—Hemos llegado— dijo Sandy. —Vengan y les enseño° la casa.

Por fuera, todo parecía haber estado° abandonado por mucho tiempo. El jardín estaba lleno de hierbas.° La casa era como las que se ven en las películas de misterio. De repente, Sandy pegó un grito.°

—¡Hay alguien adentro de la casa! ¡Lo vi en la ventana!

Momentos después, Pepino recorría° la casa. Los cuartos estaban silenciosos y oscuros, llenos de muebles viejos. Buscó en los armarios° y detrás del sofá, pero en ninguna parte encontró a la persona que Sandy había visto en la ventana.

Los otros entraron en la sala para ayudar a Pepino. Todos buscaban, pero nadie se fijó° en un cuadro colgado en la pared. Era una pintura de un soldado montado a caballo. Pero... ¡los ojos del soldado se movían° de lado a lado!

—No hay nadie aquí— declaró Pepino. —Busquemos por otras partes de la casa. Sr. Dallas, usted y Panzón busquen aquí abajo. Sandy y yo vamos a investigar el segundo piso.

El Sr. Dallas y Panzón fueron a la cocina y al patio. Mientras el papá de Sandy buscaba en el patio, Panzón entró cuidadosamente en un cuarto cerca de la cocina. Se agachó° para ver debajo de una cama cuando, de repente, la puerta se cerró con mucha fuerza.

—¡Ay, chihuahua!— gritó y en seguida trató de abrir la puerta, pero no pudo. —¡Socorro!° ¡Socorro!

Al oír los gritos de su ayudante, Pepino salió corriendo de un dormitorio. Estaba bajando por las escaleras con mucha prisa cuando sintió que algo le cogió los pies. Con un grito de sorpresa, Pepino cayó, rodando° hasta el pie de las escaleras.

Instantes después de haber caído al suelo, un enorme

Alejadas Away from

reja grating

les enseño I'll show you

haber estado having been

hierbas weeds

pegó un grito let out a scream

recorría ran throughout

armarios wardrobes, cabinets

se fijó noticed

se movían were moving

Se agachó Stooped down

¡Socorro! Help!

rodando rolling

10

candelero° de hierro° también cayó, estrellándose° contra el suelo tan solo a° unas pulgadas° de la cabeza del detective.

—¡Papá! ¡Panzón! ¡Vengan rápido!— gritó Sandy mientras bajaba las escaleras para ayudar a Pepino. El Sr. Dallas, que acababa de librar a Panzón del cuarto, entró corriendo.

—Y, ahora, ¿qué pasó?

—No se preocupen. Estoy bien. Un poco adolorido,° pero estoy bien— respondió Pepino, levantándose del piso. —No sé exactamente lo que pasó, pero sentí que algo me cogió los pies por un instante.

—Yo sé lo que pasó, jefe. En esta casa hay fantasmas. Un fantasma me encerró en el cuarto y bloqueó la puerta con una mesa pesadísima.° ¡Hay fantasmas aquí!— exclamó Panzón nerviosamente.

Sandy y su papá soltaron la risa° al oír la explicación de Panzón. Pero a Pepino no le pareció nada chistoso.°

—No, Panzón. No hay fantasmas aquí porque los fantasmas no fuman—° declaró. —Miren allí en el suelo. Hay una colilla.° Ustedes no fuman, ¿verdad?

—No, no fumamos— contestó el Sr. Dallas.

—Hmmmm. Y todavía está prendida°— dijo Pepino recogiéndola° del suelo. —No, Panzón, los fantasmas no fuman.

—Sí, jefe— insistió Panzón, —¡estamos en una casa embrujada!°

candelero chandelier
hierro iron
estrellándose shattering
tan solo a only at
pulgadas inches

adolorido sore

pesadísima very heavy

soltaron la risa burst out laughing
chistoso funny

fuman smoke

colilla cigarette butt

prendida lighted
recogiéndola picking it up

embrujada haunted

1. ¿Por qué era importante Acapulco durante la época colonial?
2. ¿En qué se convirtió Acapulco después de 1927?
3. ¿Cómo era la casa de Sandy y su papá?
4. ¿Por qué gritó Sandy antes de entrar en la casa?
5. ¿Cómo era el cuadro en la pared?
6. ¿Qué le pasó a Panzón en el cuarto cerca de la cocina?
7. ¿Qué le pasó a Pepino al bajar por las escaleras?
8. ¿Qué encontró Pepino en el suelo?
9. ¿Crees tú en los fantasmas?
10. ¿Fumas tú? ¿Por qué? ¿Por qué no?

4. Panzón, el clavadista

Esa noche, el Sr. Dallas invitó a los dos detectives a cenar a La Perla, un restaurante en el Hotel Mirador. Allí, los mejores clavadistas ° de Acapulco se tiran al mar desde lo más alto de las rocas.

Después de una cena deliciosa de langosta ° y ceviche, todos hablaban de la casa.

—Quizá Panzón tenga razón— comentó Sandy. —Hay espíritus traviesos que le hacen bromas a la gente. En inglés se llaman *poltergeists*.

—Sí, he oído de esos espíritus que pueden mover los muebles y hacer que las cosas vuelen ° por el aire. Pues si pueden hacer todo eso, jefe, también pueden fumar— dijo Panzón.

—No es posible. No existen ni fantasmas ni espíritus traviesos. Alguien quiere asustarlos, ° nada más— respondió Pepino enfáticamente.

—Yo no lo creo— dijo el Sr. Dallas. —¿Quién va a querer asustarnos? No conocemos a nadie más que al hombre que nos vendió la casa. Y además, ¿por qué querría alguien ° asustarnos?

Pepino le iba a contestar cuando oyeron el anuncio de que los clavadistas estaban preparándose para brincar. Los cuatro salieron del restaurante y caminaron hacia el mirador donde ya se había reunido mucha gente.

Era una noche maravillosa con una brisa suave. Pepino ya se había olvidado de la conversación y ahora sólo quería mirar a Sandy. ¡Qué bonita era! Su cabello largo y rubio se movía con el viento. Era una princesa

clavadistas divers

langosta lobster

hacer que...vuelen make things fly

asustarlos to frighten them

querría alguien would anyone want

mirador viewer's stand

de verdad y Pepino quería ser su caballero. Pensaba que, por fin, había encontrado a la mujer de sus sueños.

Pero Sandy estaba mirando a un hombre que se les acercaba. Era joven, guapo y bien vestido. Tenía los ojos negros y el cabello negro. El saludó primero al Sr. Dallas y luego, sonriendo,° miró a Sandy.

sonriendo smiling

—Sandy— exclamó él. —¡Cuánto me alegro de verte otra vez!

Los dos se dieron la mano.° A Pepino le pareció que se quedaron cogidos de la mano mucho tiempo, ¡demasiado tiempo! ¡Y cómo le brillaban los ojos a Sandy al mirar a este hombre más joven y más guapo!

se dieron la mano shook hands

—Sr. González— interrumpió el Sr. Dallas, —quiero presentarle a Mario Martínez. El me vendió la casa. Es abogado° en la capital.

abogado lawyer

—Mucho gusto de conocerlo— dijo Pepino fríamente. No le gustó el joven. Pepino, quería ser el único pretendiente° de Sandy.

pretendiente suitor

—Sr. Martínez— continuó Pepino, —¿por qué les vendió una casa con tantos defectos?

—No, jefe, la casa no tiene defectos. Tiene fantasmas— le corrigió Panzón.

—¿De qué están hablando? Yo no sé nada de fantasmas ni de defectos— dijo Mario. —Era la casa de mi abuelo. Cuando él murió, yo la heredé.° En aquella época,° yo era estudiante de derecho° en la Ciudad de México y luego con mi trabajo jurídico,° no he tenido tiempo para cuidar la casa. Había tratado de venderla, pero nadie la había querido comprar.

heredé inherited
época time
derecho law
jurídico legal

Entonces, Pepino le contó las cosas misteriosas que les habían ocurrido a Sandy y a su papá. Habló de la carta anónima, de los ruidos misteriosos, de la figura en la ventana y de la colilla.

A Panzón le pareció que su jefe hablaba demasiado. El quería encontrar un lugar donde podía dormir un ratito. Había comido muchísimo y ahora casi no podía caminar por el sueño que tenía.

—Me voy a sentar un rato en aquella silla— se dijo. Caminó al borde del mirador° y se sentó en la silla. Estaba tan cansado que no vio al hombre que lo seguía.

14

Era un hombre delgado que tenía una cicatriz ° en la frente. ° Sonreía maliciosamente.

Era ya la medianoche. El primer clavadista caminó al borde y se preparó a saltar. Por unos momentos se detuvo ° para concentrarse. Levantó los brazos dramáticamente y, en el instante en que iba a brincar, alguien soltó un angustioso grito.

—¡Miren allá abajo!— exclamó una mujer.

Una figura blanca y redonda caía al mar.

Todos corrieron hacia el borde para verla mejor.

—¿Qué pasa?— preguntó Pepino.

—¡Un hombre ha caído al agua!

—¡Seguramente está muerto! ¡Pobrecito!

Pepino se dio cuenta de que Panzón no estaba con ellos. Miró por todos lados pero no lo vio en ninguna parte. Empezó a sentirse inquieto. °

—¿Cómo es el hombre que cayó?— le preguntó Pepino a un hombre que estaba cerca del borde.

—No lo vi muy bien. Sólo vi que era gordo y que llevaba una camisa blanca.

—¡Qué barbaridad!— exclamó Pepino muy alarmado.

—Es Panzón. ¡Panzón ha caído al mar!

Diez minutos más tarde, Mario, el Sr. Dallas y Pepino sacaban a Panzón del agua. Gracias a Mario, habían encontrado unas escaleras.

—¡Gracias a Dios! ¡Panzón está vivo!— dijo Pepino con lágrimas de alegría en los ojos.

—¡Es un milagro!° Si no fuera por° su estómago tan grande, Panzón se hubiera hundido— ° dijo Mario. —El estómago le sirvió de salvavidas. °

—¡Ay, chihuahua! ¡Qué miedo! ¡Qué miedo!— exclamó Panzón temblando como una hoja en el viento.

A pesar de la alegría que sentía, Pepino se enojó ° con su ayudante.

—¡Qué cosa tan tonta! ¿Por qué te echaste ° al mar? ¿Te crees el nuevo campeón ° de los clavadistas?

Panzón lo miró muy sorprendido.

—Es que... es que usted no entiende, jefe. Yo no brinqué. ¡Alguien me empujó!

cicatriz scar
frente forehead

se detuvo he stopped, paused

inquieto anxious, uneasy

milagro miracle
Si no fuera por If it weren't for
se hubiera hundido might have sunk
salvavidas life preserver

se enojó got angry

te echaste did you throw yourself
campeón champion

15

1. ¿Adónde fueron a cenar los cuatro?
2. ¿Qué hacen los clavadistas?
3. ¿Quién se acercó al grupo?
4. ¿Por qué no le gustó a Pepino el joven abogado?
5. ¿Por qué fue a sentarse Panzón?
6. ¿Quién lo siguió?
7. ¿Por qué se echó Panzón al agua?
8. Según Mario, ¿qué salvó la vida a Panzón?
9. ¿Cuál te gustaría ser, abogado o clavadista?
10. ¿Por qué te interesan o no te interesan los espíritus?

5. ¡Tiburón!

Al día siguiente, Sandy, el Sr. Dallas, Pepino y Panzón se reunieron en el jardín de la casa. Aunque todavía era muy de mañana,° el sol brillaba con fuerza. El incidente de la noche anterior ya parecía lejano. Panzón era el único que temblaba al pensar en su escapada.° El Sr. Dallas y Pepino hablaban mientras Sandy les servía café.

— Quizá deba° volver a hablar con el capitán de la policía— dijo el Sr. Dallas.

— Yo prefiero esperar hasta que tengamos más que ofrecerles que una teoría de fantasmas— contestó Pepino. —Sólo se van a reír de nosotros.

— Pero, jefe, no se olvide de mi accidente— añadió Panzón.

— Lo de anoche no tiene nada que ver con° esta casa— declaró Pepino.

En ese momento sonó el teléfono. Sandy corrió a la casa a contestarlo y regresó en poco tiempo. Sus ojos le brillaban.

— Mario acaba de llamar. Ha alquilado° una lancha y nos invita a dar una vuelta por la costa.

— Buena idea— respondió su papá. —Así podemos discutir el problema tranquilamente.

En ese momento, un auto negro se paró enfrente de la casa. Lo conducía° un chofer con un uniforme gris y una gorra que le tapaba° los ojos. Del asiento de atrás salió una mujer de unos 40 años. Tenía la nariz larga y chueca,° y el pelo de un color gris azul. Llevaba un

muy de mañana very early in the morning

escapada escape

deba I should

no tiene...ver con has nothing to do with

Ha alquilado He has rented

conducía drove
tapaba covered

chueca crooked

17

vestido rojo y una cantidad de joyas: tres o cuatro pulseras° en cada brazo, dos collares de diamantes y rubíes y unos aretes° grandes y brillantes. Tenía una expresión de mal genio,° como si hubiera comido una docena de limones.

—¡Eh! Esa es una bruja— exclamó Panzón en voz baja.

—No, Panzón, ella es nuestra vecina— le explicó Sandy. —Es una americana que ha vivido en Acapulco por muchos años. Todo el mundo la llama doña Iguana. He oído que es millonaria.

Al acercarse la mujer, Pepino y Panzón entendieron por qué la llamaban doña Iguana. Era muy fea y sus pequeños ojos se movían de lado a lado como los de una iguana buscando insectos para comer.

—Muy buenos días— dijo el Sr. Dallas cortésmente.°

—No vengo de visita, señor. He venido a avisarles° de un peligro terrible— anunció ella en una voz baja y ronca,° casi masculina. —Si no lo saben, yo soy espiritista.° Anoche, en una sesión especial, recibí un mensaje° del espíritu que me sirve de contacto con el mundo sobrenatural.°

—Fantasmas diabólicos habitan° esta casa— continuó doña Iguana gravemente. —¡Y son capaces° de asesinarlos a todos ustedes! Les quería avisar del peligro, nada más. A mi juicio,° sería mejor que ustedes salieran° de aquí lo más pronto posible. Hoy o mañana a más tardar.° Hasta luego.

Al decir esto, doña Iguana se marchó. Todos se miraron con sorpresa.

—¿Ya ve, jefe? Sí hay fantasmas en la casa. Tengo razón— exclamó Panzón, muy satisfecho.°

—¡Qué mujer más rara!— dijo el Sr. Dallas. —Yo no estoy seguro de que existan fantasmas, sin embargo, nada es imposible. Y, además, ella es espiritista.

—¡Bah! No le haga caso. Es una loca— declaró Pepino.

—Yo no sé. Vámonos al muelle.° Prefiero estar en una lancha que en esta casa— dijo Sandy.

Media hora más tarde, todos estaban en la lancha que

pulseras	bracelets
aretes	earrings
mal genio	bad temper
cortésmente	politely
avisarles	to warn you
ronca	hoarse
espiritista	spiritualist
mensaje	message
sobrenatural	supernatural
habitan	inhabit, live in
capaces	capable
juicio	judgment
salieran	you left
a más tardar	at the latest
satisfecho	satisfied
muelle	dock

había alquilado Mario en el Club de Pesca. La lancha saltaba rápidamente por el mar hacia las aguas más hondas del Pacífico. Mientras tanto Mario les enseñaba la bella costa de Acapulco.

—Como pueden ver— dijo, —Acapulco queda en una bahía.°   **bahía** bay

—¿Qué es el edificio que está allá lejos?— preguntó Sandy, apuntando hacia una colina en la costa sobre la cual estaba una estructura inmensa.

—Es la fortaleza° de San Diego, construida° en 1616 para proteger° al puerto contra los piratas. El terremoto° de 1776 la destruyó. Más tarde la reconstruyeron. Fue allá donde los mexicanos derrotaron° a los españoles durante la Guerra de Independencia. Ahora la fortaleza se usa para el Festival del Cine.

fortaleza fortress
construida built
proteger to protect
terremoto earthquake
derrotaron defeated

—¡Ah!— exclamó Sandy, mirando dulcemente a Mario, —a ti también te gusta la historia. Tenemos mucho en común.

—A los detectives les gusta la historia también— añadió Pepino. —A mí me gusta más la historia de Sherlock Holmes.

Panzón se quitó° el sombrero de paja. Estaba sudando° mucho y su cara se puso pálida.

se quitó took off
sudando perspiring, sweating

—Ay, jefe, estoy mareado.° No me siento bien.   **mareado** seasick

—¡Caramba, Panzón! Siempre te estás quejando. Debes pensar en las cosas importantes, como la historia.

De repente, se apagó° el motor. El barco estaba en pleno mar,° lejos de las playas de Acapulco. El mar que era de un color verde oscuro, parecía sin fondo.

se apagó shut off
en pleno mar completely at sea

—¿Hay muchos peces por aquí?— preguntó el Sr. Dallas.

—¡Claro que sí!— respondió Mario. —Hay mucho merlín, huachinango, atún, pámpano° y aun tiburón.°

merlín...pámpano names of fish
tiburón shark

El capitán de la lancha se acercó a Mario. Era un hombre grande y bronceado.° Parecía a un descendiente de los piratas.

bronceado tanned

—El motor está descompuesto—° anunció.   **descompuesto** broken

Mientras que Mario y el Sr. Dallas fueron a examinar el motor, el capitán se quedó a buscar algo en una caja de herramientas° que estaba cerca de Pepino. Sacó un martillo° y miró intensamente a Pepino.

caja de herramientas toolbox
martillo hammer

Mientras tanto, Pepino, Panzón y Sandy observaban algo negro y grande que nadaba en el mar.

—¿Qué es?— preguntó Sandy. —Parece un pez monstruoso.

Los tres se estiraron° sobre el lado del barco para verlo mejor.   **se estiraron** leaned

—Creo que es un tiburón— respondió Pepino.

—Debemos capturarlo y llevarlo a la casa para espantar° al fantasma— sugirió Sandy.   **espantar** to frighten

—Y para espantar a doña Iguanayyyyyyyy.....

En un abrir y cerrar de ojos, Pepino estaba en el agua, con la cara cubierta de sangre. El capitán corrió al motor para llamar a Mario y al Sr. Dallas.

Sandy vaciló° un segundo y luego saltó al agua para salvar a Pepino. El tiburón nadaba en círculos alrededor de él.   **vaciló** hesitated

—¡Socorro! ¡Ayúdenme!

Rápidamente, Sandy nadó hacia Pepino y lo agarró. Con mucha destreza,° y manteniéndole la cabeza sangrienta sobre el agua, nadó con él hacia el salvavidas que les había tirado Mario. Los dos agarraron el salvavidas. Pepino empezó a dar patadas y a gritar angustiosamente. El tiburón estaba muy cerca de ellos.   **destreza** skill

El Sr. Dallas y Mario jalaron el salvavidas con toda su fuerza. Cuando llegaron al lado del barco, Mario cogió a Sandy de las muñecas° y la ayudó a subirse. Luego, él y el Sr. Dallas agarraron a Pepino, y al empezar a sacarlo del agua, el tiburón alcanzó a golpearle la pierna.   **de las muñecas** by the wrists

—¡Ay, caramba! ¡Me está comiendo! ¡Sáquenme! ¡Rápido!— gritó Pepino, desmayándose.°   **desmayándose** fainting

Una vez en el barco, Pepino, con la cabeza todavía sangrienta, permanecía inconsciente.

—¡Está muerto! Mi jefe está muerto— exclamó Panzón.

—No, no, sólo se desmayó— insistió Mario, echándole agua en la cara para revivirlo.

Mientras tanto, el capitán volvió a meter el martillo a la caja. Nadie oyó la risa cruel que dio al regresar al motor de la lancha.

Pepino abrió los ojos lentamente. Estaba bastante atontado.°   **atontado** stunned

—¿Dónde estoy? ¿Qué pasó?

—Te caíste al mar, pero ya estás bien— le dijo Sandy suavemente mientras le limpiaba la herida° en la cabe- **herida** wound za. —Sólo te golpeaste la cabeza con algo y te caíste del barco.

—ₙNo, no estoy en un barco. Estoy en el cielo° y un **cielo** heaven ángel hermoso me está ayudando— dijo Pepino en voz débil. —Pero, no recuerdo cómo me caí.

Pepino movió la cabeza de un lado a otro. El dolor era tremendo.

El capitán arrancó° el motor. El barco viró° y se **arrancó** started dirigió al puerto. **viró** veered

—Algo bloqueó la gasolina, pero ahora ya está bien— anunció el capitán de una manera muy cortante.° **cortante** abrupt

1. ¿Cómo era la vecina de los Dallas?
2. ¿De qué quería avisar la vecina a Sandy y a su papá?
3. ¿Por qué le llamó por teléfono Mario a Sandy?
4. ¿Qué tienen en común Mario y Sandy?
5. ¿Por qué se apagó el motor de la lancha?
6. ¿Cómo era el capitán de la lancha?
7. Describe el incidente en que Pepino cayó al agua.
8. ¿Quién le salvó la vida a Pepino?
9. ¿Cuál te gustan más, la historia o las historias de Sherlock Holmes?
10. ¿Qué harías tú si el motor de tu lancha apagara en el Océano Pacífico?

6. Un indicio importante

Durante toda la mañana, Pepino se sintió algo atontado. Tenía un fuerte dolor de cabeza. Sandy había insistido en que descansara° en el dormitorio más grande de la casa. Pero Pepino no podía descansar porque estaba enojado con sí mismo.°

—¡Sherlock Holmes nunca se hubiera caído al mar! ¿Cómo fue posible eso? ¡Qué pena° ser salvado por una mujer!— murmuró. —A ver, primero me estiré para ver al tiburón. Después, sentí un golpe en la cabeza y luego me encontré en el océano.

Pepino pensaba en el accidente cuando entró Sandy con una charola.°

—Te traigo un poquito de caldo.° Tómalo y te sentirás mejor.

Sandy sonrió dulcemente y salió del cuarto. El corazón de Pepino palpitó rápidamente. No pudo ni darle las gracias por el amor que sentía. Pepino tomó la sopa y volvió a pensar. Se olvidó del dolor de cabeza.

—Tengo que levantarme. No quiero que Sandy piense que soy débil. Ya sé. Voy a seguir buscando por la casa. Quizás encuentre algo más sobre los fantasmas y resuelva el misterio ya de una vez.° Así, Sandy sabrá° que soy el mejor detective de todo México.

Pepino se puso las pantuflas° del Sr. Dallas y comenzó a buscar por el cuarto. Abrió cajones° y miró detrás de la puerta. Luego bajó por las escaleras y fue al lugar donde había hallado la colilla el día anterior.

Buscó debajo de una mesa y detrás de las cortinas.°

que descansara that he rest

con sí mismo with himself

¡Qué pena...! How embarrassing...!

charola tray (Mex.)

caldo broth, soup

ya de una vez once and for all
sabrá will know

pantuflas slippers
cajones drawers

cortinas curtains

Luego se paró. Sacó una pipa del bolsillo y un paquete de tabaco.

—Fumaré un ratito— se dijo. —Quizás la pipa me ayude a pensar. Ahora me parezco a Sherlock Holmes, ¡sólo me falta la música de suspenso! Metió la mano en el bolsillo en busca de unas cerillas.° Vio algo tirado en el piso. Se agachó y lo recogió. **cerillas** matches
Era una caja de cerillas. Encendió la pipa aspirando° **aspirando** inhaling
fuertemente hasta que le salió humo° por todas partes: **humo** smoke
por la boca, por la nariz y hasta por las orejas. Iba a meterse las cerillas en el bolsillo cuando notó la inscripción en la cubierta. «Ahorre° en el Banco de Cuernavaca **Ahorre** Save
donde su dinero gana más.»

—¡Hmmmm!— pensó el detective. —Es curioso. El Sr. Dallas y Sandy no fuman. Tampoco han estado en Cuernavaca. ¿Quién trajo° estas cerillas aquí? **trajo** brought

De repente se dio cuenta de que había descubierto un indicio.° Abrió los ojos con placer.° **indicio** clue / **placer** pleasure

—¡Magnífico! ¡He encontrado algo importante!

—Miren lo que encontré— exclamó Pepino al entrar en el jardín donde estaban sentados los demás.° Les **los demás** the rest
enseñó la cajita.

—Las cerillas vienen de Cuernavaca— dijo el Sr. Dallas. —¿Pero, por qué están aquí? Nosotros nunca hemos estado en Cuernavaca.

—Se me hace que he oído hablar de ese banco— comentó Mario. —Pero, no recuerdo cuándo.

—No importa. Lo importante es que he encontrado un indicio. También es la prueba° de que no hay fan- **prueba** proof
tasmas en esta casa porque los fantasmas no usan cerillas ni tienen cuentas de ahorros.° Debemos ir a Cuer- **cuentas de ahorros** savings accounts
navaca a investigar.

—Es buena idea— añadió Mario. —Podemos ir hoy mismo en mi auto, si es que Pepino no está demasiado débil.

—Estoy perfectamente bien— respondió Pepino. —Sólo tengo que ponerme los zapatos y estaré listo. Un golpecito no puede afectar a un hombre tan fuerte como yo. Soy muy macho.° **macho** strong (manly)

23

—Bueno, vayan ustedes— dijo el Sr. Dallas. —Yo me quedo aquí a cuidar la casa.

Quince minutos más tarde, Mario, Sandy, Pepino y Panzón subieron al auto. El Sr. Dallas les dijo:

—¡Tengan cuidado! Puede ser que estén metiéndose en algo peligroso.

Mario conducía rápidamente por el pintoresco camino. Pasaron por pueblos pequeños y por el campo. Vacas y burros andaban tranquilamente por la carretera. A veces veían a niños jugando a la pelota.° Pero nadie prestaba mucha atención al paisaje. Todos estaban pensando en lo que había ocurrido durante las últimas 48 horas.

pelota ball

—Este asunto es muy extraño— dijo Panzón. —No entiendo nada. Siempre tengo hambre cuando no entiendo nada. Ahora tengo mucha hambre.

—No te preocupes, Panzón. Y olvídate de la comida. Yo soy un detective de primera clase. Pronto resolveré el misterio.

Pasó otra hora. Habían llegado a la mitad de las 205 millas entre Acapulco y Cuernavaca. Tenían que pasar por el Cañón del Zopilote, donde hacía muchísimo calor. La carretera era nueva y siempre había camiones y autobuses que viajaban entre las dos ciudades. Panzón miró otra vez por la ventanilla.

—Creo que un auto negro nos está siguiendo— anunció nerviosamente.

—Lo dudo— dijo Mario. —Por este camino hay mucho tráfico.

—Sí, pero este auto ha estado detrás de nosotros por dos horas— insistió.

—Es muy parecido al auto de doña Iguana— añadió Sandy. —Pero, ¿por qué nos seguiría ella?

Es ese momento, el auto negro se adelantó,° colocándose° al lado del de ellos. Iba a alta velocidad. Pepino vio que un hombre vestido como el chofer de doña Iguana lo conducía. De repente, el hombre dio vuelta al volante.° ¡Iba a chocar contra el auto de Mario!

se adelantó came forward

colocándose placing itself

volante steering wheel

—¡Ay! Nos quiere matar— gritó Sandy.

Pero al último minuto, Mario logró desviar° el auto,

logró desviar managed to swerve

24

impidiendo un grave accidente. Otra vez, el auto se les
acercó, casi forzándolos a salirse de la carretera. Todos
se alarmaron al ver la expresión cruel que tenía el chofer
del auto negro.

—¡Es un loco!— gritó Pepino.

—Tengan cuidado! Voy a frenar—° exclamó Mario. **frenar** to brake
Mario frenó fuerte y paró su auto, lanzando a los
cuatro pasajeros bruscamente hacia adelante. El chofer
del auto negro los miró y sonrió diabólicamente antes de
seguir adelante.

—¡Por poco nos mata!— exclamó Panzón con angustia.

—Sandy, ¿cómo estás?— preguntaron Pepino y Mario
a la vez.

—Estoy bien— respondió la chica, respirando pro-
fundamente. —No entiendo. ¿Por qué trató de matarnos
ese hombre? No le hicimos nada a él.

—¿Quién sabe? A lo mejor estaba borracho.° Bueno, **borracho** drunk
si todos están bien, sigamos a Cuernavaca. Ya casi
llegamos.

1. ¿Por qué está enojado con sí mismo Pepino?
2. ¿Qué indicio encontró Pepino?
3. ¿Por qué era el indicio prueba de que no existen los fantasmas?
4. ¿Cómo era el camino a Cuernavaca? ¿Había mucho tráfico?
5. ¿Por qué creía Panzón que un auto los seguía?
6. ¿Cómo era el chofer del auto negro?
7. ¿Qué trató de hacer el chofer del auto negro?
8. ¿Cómo explicó Mario las acciones del chofer?
9. ¿Debe sentirse débil un hombre si una mujer le salva la vida?
10. ¿Por qué no deben manejar los borrachos?

7. En la ciudad de las flores

Por fin, todos llegaron sanos y salvos° a Cuernavaca. Cuernavaca es una bella ciudad de flores, de casas con hermosos jardines y de mercados. Pero los pasajeros estaban preocupados por el incidente en la carretera. Pepino también estaba pensando que, al resolver este caso, sería un hombre famosísimo. Panzón pensaba que ya era hora de comer. Sandy pensaba en su papá y en la casa que había comprado. Y Mario se preguntaba por la décima vez:

— ¿Por qué quería matarnos ese hombre? Posiblemente era un borracho que no sabía manejar. De todos modos, será mejor proseguir° con más cuidado.

El auto cruzó las calles tranquilas del pueblo, hasta llegar al zócalo.

— ¿Qué hacemos ahora?— preguntó Sandy.

—Vamos al Banco de Cuernavaca— respondió Mario.

—Quiero hacer unas preguntas sobre las cerillas que encontramos en tu casa. Creo que son un indicio importante.

—Ah, sí, las cerillas que YO encontré— añadió Pepino.

Mario paró el auto enfrente de un edificio colonial. Mucha gente entraba y salía. Algunos llevaban cámaras y sacaban fotografías del edificio.

— ¿Es éste el banco?— preguntó Panzón.

—Es el Palacio de Cortés— explicó Mario. —Fue construido en 1530 y hoy día es donde está situada la Asamblea Legislativa. Adentro también está un museo

sanos y salvos safe and sound

proseguir proceed, continue

26

de arte. Allí se encuentran unos murales que pintó Diego Rivera.

—¿Diego Rivera?— dijo Panzón, algo confuso. —¿Es el futbolista brasileño?

—Rivera fue uno de los mejores artistas de México— explicó Sandy. —Sus murales reflejan temas° sociales sobre los indios, el pueblo y la revolución. Siempre pintaba en colores muy vivos.

temas themes

Caminaron dos cuadras y llegaron al Banco de Cuernavaca. Pero, al acercarse a la entrada, quedaron sorprendidos al ver que las puertas estaban cerradas. No había nadie en el banco, sino un viejito que limpiaba las ventanas.

—Pero, ¿qué pasa?— preguntó Mario. —¿Por qué está cerrado el banco hoy?

El viejito dejó su trabajo y los miró con sorpresa.

—¿No han oído? Anteayer robaron el banco y la policía mandó cerrarlo.

—¡Qué!— exclamaron todos a la vez.

—Sí— continuó el viejito. —Oí a un policía decir que fue el trabajo de unos ladrones expertos. Sin duda fue la banda que ha estado robando bancos en todo el país. Se llevaron todo el dinero y, ¡hasta se llevaron unas cajas de cerillas!

Al oír esto, Mario abrió los ojos con interés. Sacó algo del bolsillo y se lo mostró.

—¿Cerillas? ¿Como éstas?

—Sí— dijo el viejito. —Igual a ésas.

—¡Caramba!— exclamó Pepino. —¡Son las cerillas que yo encontré! Esto significa que los ladrones estuvieron en Acapulco.

—No entiendo— dijo Panzón. —¿Por qué fueron los ladrones a la casa de Sandy?

—Yo tampoco entiendo— dijo Mario. —Pero sé que cuando encontremos la solución a esa pregunta, sabremos mucho. Sin embargo, no debemos concluir que los ladrones dejaron las cerillas. Puede ser una coincidencia, nada más.

—Debemos hablar con la policía— dijo Sandy.

—Es una buena idea— afirmó Mario. —La jefatura° de policía queda cerca de aquí. Podemos ir a pie.

jefatura headquarters

Cruzaron el zócalo y un hermoso parque, los Jardines Borda que datan del siglo XVIII. Las plantas, las flores y los árboles estaban todos arreglados° con cuidado. Rosas blancas y amarillas crecían alrededor de unos puentes. No había mucha gente en el parque.

arreglados arranged

Sólo había unos niños jugando con barquitos en el agua y algunas señoras sentadas en bancos, tejiendo.°

tejiendo knitting

—¡Qué parque más bonito!— exclamó Sandy, olvidándose de sus problemas por un instante.

—¡Sí!— contestaron Mario y Pepino a la vez.

Panzón también miraba por el parque, pero no le interesaban ni las flores, ni la bella Sandy. Panzón estaba nervioso. Tenía un presentimiento. Miró por todos lados pero no vio nada. Sin embargo sentía cosquillas° en la espalda. Estaba seguro de que alguien los estaba observando. De repente vio que algo se movió detrás de un árbol. ¡Un hombre estaba escondido,° mirándolos!

cosquillas tickles

estaba escondido was hidden

—¡Eh!— dijo Panzón en voz de urgencia. —¡Alguien nos observa! ¡Miren allá!

Voltearon° y vieron a un hombre en la distancia, medio escondido por el árbol. Todos lo reconocieron al mismo instante. ¡No sería fácil olvidarse del hombre que hacía media hora, había tratado de matarlos!

Voltearon They turned around

—¡Ay!— exclamó Sandy. —Es el chofer del auto negro, él que trató de matarnos en la carretera.

Al ver que lo habían reconocido, el hombre comenzó a correr en la dirección opuesta.°

opuesta opposite

—¡Pronto! ¡Agárrenlo!— gritó Mario.

Sandy y el joven abogado corrieron detrás del hombre, mientras que los dos detectives trataron de seguirlos. Pero estaban corriendo demasiado rápido y Pepino y Panzón quedaron atrás. Los otros ya habían desaparecido.

—¡Qué cansado estoy!— exclamó el gordo.

Pepino también estaba cansado. Miró alrededor de él.

—No los veo en ningún lado.

—Creo que estamos perdidos— interrumpió Panzón.

—Yo sé dónde estamos.

1. ¿Quién era Diego Rivera?
2. ¿Por qué no entraron los cuatro al Banco de Cuernavaca?
3. ¿Cuáles son las cosas que robaron del banco los ladrones?
4. Describe el zócalo de Cuernavaca.
5. ¿Quién se escondió detrás de un árbol?
6. ¿Qué hizo el hombre al ver al grupo?
fl. ¿Quiénes lo siguieron? ¿Quiénes dejaron de seguirlo? ¿Por qué?
8. ¿Por qué está preocupado Panzón?
9. ¿Te pierdes fácilmente en una ciudad que no conoces?
10. ¿Cuántas veces has perseguido a alguien?

8. Una conversación peligrosa

—¡No!— insistió Pepino con autoridad. —No estamos perdidos. ¡Yo nunca me pierdo! Soy como Sherlock Holmes. Tengo un excelente sentido° de dirección. Voy donde me indica la nariz.— Y, diciendo esto, se tocó la nariz orgullosamente.

sentido sense

—Sí, sí— dijo Panzón, muy paciente, —pero ahora, ¿qué le dice la nariz?

—Hmmmm— Pensó Pepino, tratando de no revelar que en realidad él tampoco sabía dónde estaban. —Me dice que debemos seguir adelante.

Los dos hombres, aunque ya estaban cansados y hambrientos,° continuaron caminando por las calles de Cuernavaca. Pero en vez de encontrar a Mario y a Sandy, pronto descubrieron que habían llegado a un mercado grande y nuevo. Mucha gente y varios camiones cargando piñas,° coca-cola y pan llenaban la calle. También había unos vendedores con charolas de dulces y pasteles. Al ver tanta comida, Panzón abrió los ojos y le dio unos golpecitos a su estómago.

hambrientos hungry

piñas pineapples

—Mire, jefe, qué pasteles tan sabrosos—° exclamó.

sabrosos delicious

Adentro, el mercado era limpio y moderno. Había puestos donde se vendía de todo: carne, verduras, fruta, queso,° nueces,° flores, ropa, zapatos y cosas para la casa. Pepino se fijó en la gente. Buscaba a Mario y Sandy pero sólo pudo ver a mujeres con canastas, haciendo sus compras y a niños corriendo por aquí y por allá.

queso cheese
nueces nuts

—Dudo que encontremos a Sandy y a Mario aquí. Será mejor regresar al zócalo.

—¡Pero, jefe, me muero de hambre!— se quejó Panzón, pensando todavía en los pastelitos.

—¡Caramba!— gritó Pepino. —¡Pero tú siempre estás pensando en la comida! ¿No te das cuenta de que estamos metidos en un asunto importantísimo?

En ese momento se les acercó una vendedora de chiles.° Era muy gorda y al sonreír, mostró que le faltaban todos los dientes. La señora, que era bastante agresiva, agarró a Pepino por el brazo y le mostró los chiles verdes que vendía, metiéndolos bajo las narices del investigador. **chiles** peppers

—¡Compre unos chiles, señor! ¡Sólo están a dos pesos el kilo!° **kilo** kilogram

Llegó otra vendedora. Esta también tenía una canasta llena de chiles verdes. Ella le agarró el otro brazo.

—¡Mire Vd., señor! Estos chiles son mejores. ¡Se los dejo a uno cincuenta!

—¡Achuuu, achú!— estornudó Pepino. —¡Por favor, señoras! Perdón, pero no quiero comprar chiles. ¡Los chiles siempre me hacen estornudar!° **estornudar** to sneeze

Pero Panzón sí tenía hambre. Metió la mano en la canasta de la vendedora más gorda y sacó un chile verde grandote. Se echó el chile en la boca y lo masticó.° **lo masticó** chewed it

—A mí sí me gustan los chiles— dijo con placer.

Pero inmediatamente cambió de expresión. Hizo una cara de angustia. Y comenzó a llorar. Brincó varias veces y agitó las manos.

—¡Me muero!— gritó. —¡Me muero!

Y corrió como un loco en la dirección de un fregadero.° Abrió la llave° y tomó muchos tragos° de agua. Por fin, dejó de tomar agua. Con la mano sobre el estómago, Panzón regresó a donde lo estaban esperando Pepino y las dos vendedoras. **fregadero** sink / **abrió la llave** turned on the tap / **tragos** swallows

—¡Ay!— anunció tristemente, —¡jamás podré comer!

Por fin, los dos detectives salieron del mercado. Se quedaron parados en la puerta. Un viento fresco soplaba. Ya era tarde. Se miraron en confusión.

—¿Y, ahora qué?— preguntó Panzón.

Cerca de donde estaban los dos detectives, dos hombres estaban parados en la sombra° de un camión de **sombra** shade refrescos. Los hombres no se habían dado cuenta de la proximidad de los detectives y aunque hablaban en voz baja, el viento llevó la conversación a los oídos de Pepino y Panzón. Uno de los hombres tenía puesta una gorra.

—¡Mire, jefe!— exclamó Panzón. —¡Es el hombre del auto negro! El que casi nos mató en la carretera.

El hombre de la gorra comenzó a hablar:

—Dice el jefe que tenemos que encontrar otro refugio. ¡Ese loco investigador ha descubierto demasiado! No han tomado en serio nuestras amenazas. Esta noche nos reuniremos en Acapulco para repartir° el dinero.   **repartir** to divide

Su compañero, un hombre de aspecto cruel, con una cicatriz en la frente, encendió un cigarrillo.

—Bueno— dijo, —pero ya estoy hasta la coronilla°   **estoy hasta la coronilla** I'm fed up
con estos investigadores. Debemos eliminarlos ya de una vez.— Y metió la mano en el bolsillo, donde era evidente que tenía una pistola.

—Ten cuidado— le dijo el otro. —¡Al jefe no le gustan los asesinatos!

Con esto terminó la conversación. Los dos hombres desaparecieron en diferentes direcciones.

—¿Oyó eso?— preguntó Panzón alarmado. —¡Hablaron de nosotros!

—No entendí lo que decían— dijo Pepino. —¿Qué dinero? ¿Qué refugio en Acapulco?

—¡Qué tipos malos!— dijo Panzón. —¡No me gustaría meterme con ellos!

—Tienes razón— le contestó Pepino. —Son bandidos peligrosos. Estoy seguro de que tienen algo que ver con todo lo que nos ha ocurrido en Acapulco.

De repente Mario y Sandy llegaron corriendo.

—¿Adónde fueron ustedes?— exclamó Mario, enojado. —Tenemos que regresar inmediatamente a Acapulco.

—Sí— añadió Sandy. —Cuando perdimos a ese hombre, traté de llamar a papá por teléfono pero no contestó. ¡Temo que algo terrible le haya pasado!

La bella muchacha los miró a todos con ojos angustiados.

1. Según Pepino, ¿en qué se parece él a Sherlock Holmes?
2. ¿Cómo era el mercado en que se encontraron Pepino y Panzón?
3. ¿Cómo era la primera vendedora de chiles?
4. ¿Por qué no come chiles Pepino?
5. ¿Por qué juró Panzón que nunca volvería a comer?
6. ¿Qué escucharon Pepino y Panzón cerca de un camión de refrescos?
7. ¿De qué hablaron los dos hombres peligrosos?
8. ¿Por qué se asustó tanto Sandy?
9. ¿A ti te gustan los chiles verdes? ¿Por qué? ¿Por qué no?
10. ¿En qué te pareces a Sherlock Holmes?

9. ¿Dónde está el Sr. Dallas?

Durante el regreso a Acapulco, Pepino les contó a Mario y a Sandy la conversación que había escuchado en el mercado.

—¿Reconociste a los dos hombres?— le preguntó Mario.

—Sí— afirmó Pepino. —Uno era el chofer del auto negro, el que trató de matarnos. Cuando ustedes lo perdieron de vista, vino al mercado a reunirse con otro bandido. Al otro no lo reconocí.

Panzón había estado pensando.

—¡Yo sé quién fue!— exclamó. —Lo vi la noche que el Sr. Dallas nos llevó al restaurante. Recuerdo haberlo visto detrás de mí antes de caer al mar.

—¡Quizás él te empujó!— añadió Mario.

—Pero, ¿por qué?— preguntó el gordo. —¡Yo soy inocente! Yo no he hecho nada.

—Todavía no lo sabemos todo— continuó Mario en una voz intensa. —Pero ahora sí les apuesto que tiene algo que ver con el robo del banco. ¡Y tengo un presentimiento de que algo muy importante tomará lugar esta noche en la casa de Sandy!

Pepino escuchó a Mario con irritación. Estaba enojado. ¡El joven Mario siempre lo sabía todo!

—¡Sandy va a pensar que él es mejor detective que yo!— pensó Pepino con furia. —Tengo que encontrar al jefe de estos bandidos. Tengo que descubrir la causa de todos los incidentes extraños. ¡Así Sandy sabrá que yo soy el más inteligente y el más valiente!

De repente Pepino tuvo una idea curiosa. Miró a Mario con nuevo interés:

—Cada vez que Mario está con nosotros, siempre ocurre algo extraño— se dijo. —Apenas lo conocemos. ¡A lo mejor Mario es el jefe de los bandidos! ¡Tengo que observarlo bien!

El sol se ponía en el cielo rosado y amarillo. Un aire frío entró al automóvil. Le dio piel de gallina° a Sandy.

piel de gallina goose-bumps

—Pronto estará oscuro— dijo la jovencita nerviosamente. —¡Espero que no le haya pasado nada malo a papá!

—No te preocupes, Sandy— dijo Mario tratando de consolarla.° —Pronto llegaremos.

consolarla to comfort her

—Hmmmm— pensó Pepino con sospecha. —¡Este muchacho tiene respuestas para todo!

Era ya muy de noche cuando llegaron a Acapulco. Mario condujo el auto a la casa de Sandy y lo estacionó frente a la reja principal. Todos notaron que no había ninguna luz prendida en la casa.

—¿Dónde estará papá?— preguntó Sandy. —¿Por qué no ha prendido las luces?

—¡Vengan!— dijo Mario y, tomando a Sandy por el brazo, se fueron a casa.

Pepino y Panzón también caminaron hacia la casa. Pero antes de entrar, Panzón vio un auto negro estacionado cerca de un árbol. La noche oscura casi lo escondía de vista.

—¡Mire, jefe!— dijo en voz baja. —¡Los bandidos están aquí!

—¡Tonto! Es el auto del Sr. Dallas— contestó Pepino.

—No— insistió Panzón. —Es el mismo auto negro que casi chocó con nosotros en la carretera! Es el auto de doña Iguana.

—Bueno, quizás tengas razón. ¿Pero, qué hace este coche aquí?— Pepino estaba perplejo.

Al entrar en la casa, encontraron a Sandy en el salón. La chica estaba muy preocupada.

—¡No encuentro a papá!— dijo ella casi llorando.

—Vamos a buscarlo— sugirió Mario. —Ustedes dos investiguen este piso y Sandy y yo buscaremos en...

Antes de terminar sus instrucciones, lo interrumpieron unos gritos agudos.

—¡Es el fantasma!— exclamó Panzón, mirando en alarma. —¡Salgamos de aquí!

—¡Cállate, Panzón!— le ordenó Pepino. —¿No me vas a decir que tú le tienes miedo a un fantasma?

—¡Claro que sí!— insistió Panzón. —¡Claro que sí!

—Sólo fue el viento— dijo Mario. —Parece que vamos a tener una tormenta.

Y Mario cerró las ventanas. Inmediatamente comenzó a llover. Sandy prendió la luz. Ahora todos estaban preocupados. Nadie quería admitir que tenía miedo, pero la noche oscura, los ruidos extraños y la lluvia fuerte sugerían un peligro desconocido.

—Tenemos que encontrar al Sr. Dallas— dijo Pepino. Sandy caminó por el salón gritando:

—¡Papá! ¡Papá! ¿Dónde estás?

De repente oyeron un sonido muy leve.° Fue como si alguien hubiera° gemido.

—¡Ha regresado el fantasma!— anunció Panzón.

—No. El ruido viene del armario en el corredor.

Mario corrió a abrir la puerta del armario. Quedó asombrado al ver que el Sr. Dallas estaba adentro. El estaba amarrado° y un pañuelo blanco le cubría la boca.

—Arumn, gumzs, bla brmn— decía el pobre hombre, tratando de hablar.

—¿Qué pasó, señor?— preguntó Pepino, mientras que desataba° el pañuelo.

—¿Por qué se metió allí— dijo Panzón, algo confuso. —¡No es un buen lugar para tomar una siesta!

Por fin pudo hablar el Sr. Dallas. Estaba muy pálido.

—Cuando ustedes se fueron oí un ruido en la cocina. Fui a investigarlo y encontré a un hombre con una pistola. Me agarró y sentí un golpe en la cabeza. Después de eso, no recuerdo nada.

—¡Ajá!— exclamó Pepino con satisfacción. —Lo atacó uno de los bandidos que vimos en Cuernavaca.

Mario hizo un movimiento con la cabeza. No estaba de acuerdo.

—No puede ser. Nosotros vimos a los bandidos en

leve soft

hubiera gemido had groaned

amarrado tied up

desataba untied

37

Cuernavaca. ¡No es posible estar en dos lugares diferentes al mismo tiempo!

—Entonces, esto significa que hay aun otro bandido— dijo Sandy nerviosamente.

En ese momento el Sr. Dallas cerró los ojos y se cayó al suelo.

—¡Ay!— exclamó Panzón con horror. —¡Se ha muerto el Sr. Dallas!

1. Según Panzón, ¿quién fue uno de los hombres que él vio en Cuernavaca?
2. De regreso a Acapulco, ¿qué presentimiento tuvo Mario?
3. ¿Por qué se irritó Pepino con Mario?
4. ¿Qué fue la idea curiosa de Pepino?
5. ¿Qué vio Panzón cerca de la casa de los Dallas?
6. ¿Dónde estaba el Sr. Dallas?
7. ¿Cómo fue amarrado él?
8. ¿Se murió el papá de Sandy?
9. ¿Cómo son los presentimientos que tienes tú?
10. ¿Qué harías tú si fueras Pepino investigando este caso?

10. Un túnel secreto

—¡No seas° tonto, Panzón!— dijo Pepino. —Claro que **No seas** Don't be
no está muerto el Sr. Dallas. Sólo se ha desmayado.
—Vamos a meterlo en la cama— sugirió Mario.
Los tres hombres lo cargaron al dormitorio. El Sr.
Dallas abrió los ojos, pero estaba muy débil por haber
estado tanto tiempo en el armario. Con la ayuda de
Sandy, lo pusieron en la cama.
—Pobre papá— dijo la muchacha. —Voy a llamar al
doctor.

Sandy cogió el teléfono que estaba al lado de la cama
y comenzó a marcar° el número. Afuera, la tormenta° **marcar** to dial
tormenta storm
continuaba. Llovía a cántaros° y de vez en cuando, un **llovía a cántaros** It rained
cats and dogs
rayo° alumbraba el cielo negro. En ese momento hubo **rayo** bolt of lightning
un trueno° ruidoso. **trueno** thunderclap

—¡Ay! ¡Los ladrones nos están echando bombas!—
dijo Panzón, escondiéndose bajo la cama.
—No, Panzón— le dijo Mario. —Sólo fue un trueno.
Sandy colgó el teléfono. Los ojos se le salían.

—Ahora no funciona el teléfono. Debe ser a causa de la
tormenta. ¿Qué hacemos?— preguntó ella, tratando de
no mostrar el miedo que tenía.

Mario pensó un momento y dijo:

—Sandy, tú te vas a quedar aquí con tu papá. Yo voy
al centro a traer a la policía. Creo que es hora de
informarles de todo lo que ha ocurrido. Estos bandidos
son peligrosos y puede ser que estén aquí esta noche.

—¿Y qué hacemos Panzón y yo?— preguntó Pepino
con mucha irritación.

—Quédense aquí a proteger a Sandy y al Sr. Dallas—
respondió Mario. —Yo regresaré lo más pronto posible,
aunque con esta lluvia, quizás la carretera esté inun-   **inundada** flooded
dada.°
—¡Ajá!— pensó Pepino, mirando a Mario con sospecha. —Apuesto que Mario no irá a la policía, sino que se
va a escapar.
Minutos después, Pepino y Panzón estaban solos en la
sala. Sandy y su papá estaban arriba. Mario ya se había
ido. Había tomado el único paraguas,° y antes de salir,   **paraguas** umbrella
les había advertido:°   **advertido** warned
—Tengan mucho cuidado. Ya sabemos que estos
hombres llevan pistolas.
—Unf— dijo Pepino con desprecio cuando Mario
salió.
Panzón miró a su jefe con sorpresa.
—¿Qué le pasa, jefe? ¿No le cae bien° Mario?   **¿No le cae bien...?** Don't you like...?
—Tú no sabes nada— le contestó Pepino. —Yo he
estado observando a Mario y te apuesto que él es el jefe
de los bandidos. Seguramente no va a la policía sino a
sus compañeros para decirles que es hora de matarnos.
¡Ay de mí! La vida de un Sherlock Holmes es muy
complicada.
—¡Está equivocado, jefe! Mario es un buen chico.
—¡Yo soy el más inteligente, Panzón!— insistió Pepino. —Y te digo que ese muchacho es un ladrón. ¡Yo
nunca me equivoco!
Los dos investigadores recorrieron toda la casa para
asegurarse de que todas la puertas y las ventanas estaban bien cerradas. Había un silencio extraño en la casa.
Sólo se oía el sonido de la lluvia sobre el techo. Panzón
estaba nervioso. Le parecía que había bandidos escon-
didos detrás de cada silla y debajo de todas las camas.
—¡No me gusta esta casa!— le dijo a su jefe. —Estaré
muy contento cuando nos vayamos de aquí.
Entraron en la cocina, y mientras que Pepino exami-
naba la cerradura° de la puerta, Panzón abrió el refrige-   **cerradura** lock
rador. Inmediatamente, el gordo se puso' feliz de la
vida.°   **feliz de la vida** very happy
—Voy a hacerme un sandwich— se dijo. Sacó queso,

40

jamón y mantequilla del refrigerador. Buscó por la cocina pero no podía encontrar el pan. Por fin, vio una puertecilla cerca de la estufa. ° estufa stove

—Debe ser la despensa— ° pensó. —Seguramente allí despensa pantry estará el pan.

Panzón abrió la puerta pequeña y miró al interior. Estaba muy oscuro. Sólo podía ver que había una escalera hacia abajo.

—¡Qué raro! Es un lugar muy curioso para guardar el pan— dijo en voz alta. —¡Venga, jefe! Mire lo que he encontrado.

—¡Caramba!— exclamó Pepino. —Es una entrada secreta. Vamos a investigarla.

Pero Panzón vaciló. Estaba pensando en el sandwich. Además, tenía un presentimiento. La escalera misteriosa y la oscuridad le daban miedo.

—No debemos entrar, jefe. A lo mejor hay ratones y culebras allá abajo, o, posiblemente, fantasmas.

—No seas cobarde— le regañó Pepino. —Ven conmigo. Aquí tengo una linterna. ° linterna flashlight

Y los dos hombres entraron por la puertecilla y bajaron las escaleras del túnel secreto. Pepino lo alumbró con la linterna. Todo estaba lleno de polvo. Había telarañas ° por todos lados. Panzón sintió cosquillas en telarañas cobwebs la espalda. Pero Pepino no sentía nada. El estaba pensando que era Sherlock Holmes envuelto° en una envuelto involved, wrapped up aventura con su fiel ayudante y compañero, Watson.

1. ¿Qué pasó cuando Sandy trató de llamar por teléfono al médico?
2. ¿Adónde fue Mario?
3. ¿Qué dijo Mario al salir de la casa?
4. ¿En qué pensó Panzón al entrar en la cocina?
5. ¿Qué encontró él cerca de la estufa?
6. ¿Cómo fue el túnel secreto?
7. ¿Qué usó Pepino para alumbrar el túnel?
8. ¿Por qué no tenía miedo Pepino en el túnel?
9. ¿A quién te pareces más, a Pepino, a Panzón, a Mario o a Sandy?
10. ¿Qué haces tú cuando se descompone el teléfono durante una tormenta?

11. Encuentro con los fantasmas

—¡Qué raro!— dijo Pepino. —Este túnel pasa debajo de la casa. Ni Sandy ni el Sr. Dallas saben que existe.

—Vámonos ya— insistió su compañero nerviosamente. —¡A lo mejor aquí vive el fantasma!

Sin hacerle caso, Pepino siguió adelante. Pero pronto chocó con una pared de tierra. Pepino movió la linterna en todas direcciones. Estaba confuso.

—Eso sí que es raro. Un túnel que no va a ningún lado— exclamó.

Los dos hombres oyeron un ruido. Panzón saltó y agarró a Pepino.

—¡Ay, chihuahua, jefe! Tengo miedo.

Pepino continuó a mirar el piso y las paredes del túnel. Buscaba algo. De repente la linterna alumbró una puerta a un lado del túnel. Los dos hombres se agacharon y pusieron los oídos a la puerta. Oyeron voces bajas y masculinas.

—¡Ay, jefe! Son unas brujas participando en una misa negra.° Dejémoslas° en paz, ¿no?

misa negra black mass
Dejémoslas Let's leave them

—¡Cállate, Panzón! Reconozco la voz— exclamó Pepino. Miró por el ojo de la cerradura. Vio un cuarto pequeño. Tres hombres estaban sentados a una mesa. Una sola bombilla° eléctrica iluminaba la escena extraña. En la mesa había dos pistolas grandes. Uno de los hombres estaba hablando; era el chofer de doña Iguana.

bombilla lightbulb

—Pronto llegará el jefe— dijo, —y entonces repartiremos el dinero.

—¿Qué está pasando, jefe?— preguntó Panzón.

—Son los bandidos— le dijo Pepino. —Están esperando a su jefe. Seguramente esperan a Mario. Mira.

Panzón también miró por la cerradura.

—¡Ay, qué feroces son! ¿Quién es el tercer hombre?

Pepino volvió a mirar. Uno de los bandidos era el chofer. El otro era el hombre que los dos habían visto en el mercado de Cuernavaca; era el hombre cruel de la cicatriz en la frente. Pepino se fijó en el tercer bandido. Ahora sí lo reconoció.

—¡Ya sé! Es el capitán de la lancha que alquiló Mario. El manejaba el barco el día que caí al mar.

En ese instante, Pepino dejó caer la linterna. Se rompió en mil pedazos.

—¿Qué fue eso?— dijeron los bandidos. Pepino y Panzón se miraron con horror.

—¡Chihuahua! ¡Corra, jefe!— gritó Panzón.

Pero antes de poder escapar, la puerta se abrió. El hombre de la cicatriz estaba frente a ellos. Y les apuntaba una pistola.

—¡No se muevan!— ordenó. —¡O les doy un balazo° entre los ojos!

balazo shot

El bandido los empujó en el cuarto. Los otros miraron a Pepino y a Panzón con satisfacción.

—¡Qué bonita sorpresa!— dijeron y comenzaron a reírse de los dos detectives.

—¿Qué hacemos con ellos?— dijo el chofer, picándole° el estómago a Panzón con la pistola. Panzón se puso pálido.

picándole poking

—¡Mátalos!— dijo el hombre de la cicatriz. Pepino y Panzón empezaron a temblar.

—No— dijo otro bandido. —Será mejor esperar hasta que llegue° el jefe.

llegue arrives

El chofer los empujó a un lado del cuarto donde había unas bolsas° grandes. Pepino vio que las bolsas tenían una inscripción. Decían: «Banco de Cuernavaca.»

bolsas bags

—¡Es el dinero que robaron del banco!— se dijo. Y, de repente se enteró° de la verdad. —Estos hombres son los bandidos que han estado robando los bancos del país.

se enteró realized

Pepino pensó por unos momentos. Se había acordado

de Mario y de la sospecha que tenía de él.
—Mario nos estuvo mintiendo— se dijo. —Viene aquí
a repartir el dinero con sus compañeros. ¡Tuve razón—
pensó el detective muy satisfecho con sí mismo. —Mario es el jefe de los bandidos.
Hubo un sonido en el túnel. Alguien llegaba. Uno de
los bandidos se levantó y fue hacia la puerta. Pepino
sabía que ahora llegaría el jefe de los bandidos.

1. Según Panzón, ¿quién vive en el túnel secreto?
2. ¿Qué vio Pepino a un lado del túnel?
3. ¿A quiénes vio Pepino por la cerradura?
4. ¿Quién fue el hombre que tenía una cicatriz en la frente?
5. ¿Cómo sabían los ladrones que alguien estaba en el túnel?
6. ¿Cómo fue la actitud de los ladrones hacia Pepino y Panzón? ¿Fueron
   amables?
7. ¿Qué estaba escrito en las bolsas grandes?
8. ¿Quién iba a llegar en cualquier momento?
9. ¿Dónde guardas tú el dinero? ¿En una bolsa? ¿Debajo de la cama? ¿En un
   banco?
10. Si tuvieras un túnel secreto, ¿por dónde querrías que pasara?

12. La pluma es más fuerte que la pistola

La puerta se abrió lentamente con un chillido° agudo. **chillido** squeak
Entró el jefe. Pepino se quedó con la boca abierta. No
podía creer lo que estaba viendo.
El jefe miró a Pepino y a Panzón y se les acercó.
—¡Qué milagro de verlos por aquí! Mi espíritu me dijo
que los iba a capturar.
—¡Doña Iguana!— exclamaron los detectives a la vez.
—Sí, a sus órdenes. Han descubierto mi secreto. Por
eso me da mucha tristeza° tener que matarlos. **me da tristeza** it makes me sad
—¿Qué secreto? Yo no sé nada de secretos— balbu-
ceó° Panzón. **balbuceó** stuttered
Doña Iguana dio una risa de triunfo. La luz del cuarto
acentuaba el extraño pelo azul, la nariz larga y chueca y
los ojos pequeños de la mujer.
—Sí, sí saben mis secretos. Saben que soy jefe de los
ladrones y saben que tenemos un refugio en esta casa.
Pero, como son tan buenos detectives, tienen el derecho
de saber todos los secretos... antes de morir— dijo doña
Iguana con voz amenazante. Y en plena luz del cuarto,
empezó a quitarse el largo vestido que llevaba.
Ambos detectives se asustaron y cerraron los ojos
firmemente. ¡Qué mujer más indecente!
—Abran los ojos— les ordenó.
Pepino abrió un ojo y luego otro. Exclamó:
—¡Qué barbaridad! Usted no es doña Iguana. ¡Es...
es...es don Iguana!
Al oír esto, Panzón también abrió los ojos. Estaba
asombrado. A un lado estaba el vestido largo de doña

Iguana. Y enfrente de él estaba un hombre con pantalones y camisa. Tenía la cara pintada. El hombre se quitó la peluca° azul y continuó su explicación:

—Ahora, sí, les cuento mis secretos. Yo fui uno de los ladrones más temibles° y más conocidos de los EE. UU. Robé a casi todos los bancos de Nueva York y de Chicago. Los agentes de la FBI habían matado a toda mi banda, pero yo logré escaparme antes de que me capturaran. Luego vine a Acapulco y me encontré con mis compañeros que ya conocen. Y para que nadie me reconociera, me disfracé° de mujer.

—Pero, si tiene su propia casa, ¿por qué usa ésta?— preguntó Pepino.

—Esta casa es perfecta. Había estado vacía por mucho tiempo. Además, tenía este túnel secreto. Es un refugio ideal. Es decir, fue ideal. Ahora, tenemos que matarlos a ustedes dos, luego a la chica y a su papá y por fin a ese abogado metiche.°

El jefe de los bandidos sacó su revólver y sonrió diabólicamente.

—Y como ustedes no huyeron de nuestra casa embrujada, tenemos que matarlos.

Don Iguana apuntó el revólver hacia Pepino. En ese instante, los ojos del detective empezaron a brillar. Tenía un plan.

—Primero, le pido un favorcito, don Iguana. ¿Me permite mandar un cheque a mi querida mamá? No toma mucho tiempo. Como no dejé testamento,° quiero mandárselo. Ella es pobre y no podrá ni comer si no le mando un cheque.

Panzón abrió los ojos y dijo en voz baja:

—Pero, jefe, su mamá murió hace...

—¡Cállate, Panzón!— gruñó Pepino, dándole un golpe con el codo.°

—Usted es bastante raro, Sr. González. No se asusta fácilmente. Está a punto de morir y se acuerda de su mamá. Está bien. Le doy un minuto no más— respondió don Iguana.

Pepino sacó su chequera° y luego sacó una pluma. Pero, en vez de escribir, apuntó la pluma hacia los

peluca wig

temibles terrible

me disfracé I disguised myself

metiche meddling, nosy

testamento will

codo elbow

chequera checkbook

bandidos y apretó° el botón. Inmediatamente el cuarto se llenó de gas lacrimógeno.

apretó pressed

—¡Caramba!— gritaron los ladrones y empezaron a disparar° las pistolas locamente. Un tiro° rompió la bombilla y el cuarto quedó completamente oscuro.

disparar to shoot
tiro shot

—Ahora sí se van a enojar con nosotros— exclamó Panzón.

—¡Cállate! Cúbrete la boca y salgamos por la escalera secreta— gritó Pepino.

Mientras tanto, Mario entró en la casa con los policías. Habían oído los disparos y corrieron a la cocina.

Como relámpagos,° Pepino y Panzón salieron del túnel oscuro y chocaron con los policías.

relámpagos lightning
bolts

—Abajo...los ladrones...Iguana...hombre— dijo Pepino mientras tosía° fuertemente.

tosía coughed

De repente, salieron tres bandidos, tosiendo y llorando.

—Arriba las manos. Se acabó la fiesta— dijo un policía.

—Pero, pero, ¿dónde está doña, eh, don Iguana?— preguntó Pepino. —Y, ¿dónde está Mario?

1. ¿Quién fue el jefe de los ladrones?
2. ¿Qué iba a hacer el jefe a Pepino y Panzón?
3. ¿Qué era el secreto del líder?
4. ¿Por qué llevaba disfraz el jefe?
5. ¿Por qué vino a Acapulco?
6. Al último momento, ¿qué le pidió Pepino al líder?
7. ¿Con qué firmó un cheque Pepino?
8. ¿Con quién regresó Mario a la casa?
9. ¿Qué pondrías tú en un testamento?
10. ¿Crees tú que los policías siempre llegan a tiempo?

48

13. Todo acaba bien

—¿Dónde están Mario y don Iguana?— repitió Pepino.

—Aquí estamos— contestó Mario, entrando en la cocina y empujando al jefe de los bandidos. —Lo vi corriendo hacia el auto negro. Pero logré capturarlo.

Había tanto ruido en la cocina que Sandy entró para ver lo que pasaba. Llevaba un palo° grande por si acaso° tenía que defenderse de los bandidos.

palo stick

por si acaso in case

—¡Ay, dios mío!— exclamó ella. —Mario, ¿qué pasó?

—Nada, en realidad. Sólo capturamos a unos fantasmas— respondió Mario, sonriendo.

—Es decir— agregó Pepino enfáticamente, —yo, con mi pluma de gas lacrimógeno, los capturé.

Al día siguiente, el Sr. Dallas, que ya se había recuperado de su penosa experiencia, invitó a todos a cenar en su casa.

—Muchísimas gracias por todo— les dijo a Pepino y a Panzón después de la cena. —El capitán de la policía me dijo que si no fuera por ustedes, no hubiera capturado a los ladrones. Y tampoco hubiera encontrado el dinero.

Al oír esto, Pepino se puso rojo.° Quizás ahora Sandy se enamoraría de él. Y, lo que es más importante, sabría° que él era el mejor detective de México, no, de todo el mundo.

se puso rojo turned red

sabría would know

—No fue nada especial. Lo hago todos los días. Los policías de la capital no pueden funcionar sin mi experta ayuda— respondió Pepino, tratando de ser modesto.

En ese momento, Mario se paró.° Estaba nervioso.

se paró stood up

—Tengo algo importante que decirles. Sr. Dallas,

49

como Ud. puede adivinar° si no lo sabe ya, Sandy y yo estamos enamorados. Y, con su permiso, queremos casarnos. Pero, ella sí puede continuar sus estudios.

—¡Cómo no! Tienen mi bendición.° Esta ocasión merece° champaña.

El pobre Pepino sintió como si una tonelada° de ladrillos° le hubiera caído encima. Trató de sonreír y felicitarlos,° pero no le salían las palabras.

Panzón miró a su jefe y dijo en voz baja:

—No se ponga triste, jefe. Yo estoy casado y le juro que no vale la pena.° Las mujeres son muy dulces y cariñosas° al principio, pero luego, luego al casarse, se hacen regañonas° y engordan° y nos hacen la vida de cuadritos.° ¡Pobre Mario! Usted debe darle las gracias por salvarle la vida. Además, un Sherlock Holmes no tiene tiempo para casarse.

—Esta vez sí tienes razón, Panzón. ¿Cómo puedo negar° a todas las bellas mexicanas la oportunidad de conocerme? Es cierto, hay tantas mujeres que me quieren, que sería injusto escoger a una.

Pepino dio un suspiro profundo. Levantó su vaso de champaña y dijo en voz alta:

—Ofrezco un brindis° a los novios. ¡Que sean eternamente felices!

Después de brindar y tomar la champaña, Pepino explicó que él y Panzón tenían que regresar a la capital inmediatamente. Un caso urgente los esperaba.

—¡Ay, qué lástima!— dijo Sandy, dándole un besito a Pepino. —Ya puedo decirles a mis amigas que he conocido al mejor detective de todo México.

—Pues, sí— respondió Pepino sonrojándose.° —A mí me da mucha tristeza tener que salir, pero así es la vida...sobre todo para un detective.

—Yo tampoco quiero que se vayan— dijo el Sr. Dallas mientras que todos caminaban a la calle a esperar un taxi. —Pero quiero ofrecerles este cheque, firmado con tinta y no con gas lacrimógeno. Agradecemos° mucho su ayuda.

adivinar to guess

bendición blessing
merece deserves
tonelada ton
ladrillos bricks
felicitarlos to congratulate them

no vale la pena it's not worth it
cariñosas affectionate
regañonas scolding, nagging
engordan they get fat
nos...cuadritos they make life difficult for us

negar to deny

brindis toast

sonrojándose blushing

Agradecemos We are grateful

50

—Por lo menos, ya no hay que combatir fantasmas en la casa embrujada— dijo Mario al despedirse ° de los ^{al despedirse} on saying goodby detectives.

Todos se rieron y se despidieron una vez más. Menos mal que no podían ver la botella de champaña que estaba volando por la sala.

1. ¿A quién capturó Mario?
2. ¿Qué le dijo al Sr. Dallas el capitán de la policía?
3. ¿Por qué se puso rojo Pepino?
4. ¿Qué anunció Mario al grupo?
5. ¿Cómo respondió al anuncio el papá de Sandy?
6. Según Panzón, ¿qué pasa a las mujeres después de casarse?
7. ¿Qué ofreció el Sr. Dallas a Pepino?
8. ¿Qué estaba volando en la sala mientras todos se despidieron?
9. ¿Crees tú que las personas cambian después de casarse?
10. ¿Cuándo te pones rojo tú?

Vocabulary

The Master Spanish-English Vocabulary presented here represents the vocabulary as it is used in the context of this book. The nouns are given in their singular form followed by their definite article only if they do not end in -o or -a. Adjectives are presented in their masculine singular form followed by –a. The verbs are given in their infinitive form followed by the reflexive pronoun (se) if it is required, by the stem-change (ie), (ue), (i); by the orthographic change (c), (zc); by *IR* to indicate an irregular verb and by the preposition which follows the infinitive.

A

a to
  a pesar de in spite of
  a ver let's see
abierto, -a opened
abogado lawyer
abrir to open
abuelo grandfather
acabar de to have just
acapulqueño, -a a resident of Acapulco
acaso chance
  por si acaso in case
acentuar to accentuate
acercarse (a) (qu) to come near to, approach
acordarse (de) (ue) to remember
acuerdo resolution
  de acuerdo in agreement
adelantar to advance, come forward
además besides, moreover
adentro inside
adivinar to guess
adolorido, -a sore
¿adónde? where
afectar to affect
afuera outside
agarrar to grab, grasp
agitar to move
agradecer (zc) to thank, show gratitude
agresivo, -a aggressive
agudo, -a sharp
ahorrar to save
alcanzar (c) to come up to, reach
alegrarse (de) to cheer up, be glad
alquilar to rent
alrededor around
alumbrar to light, illuminate
amable friendly, kind
ambiente, el surroundings, environment

amenazante menacing, threatening
ancho, -a wide
andante walking
  caballero andante knight errant
andar *IR* to walk
angustiado, -a worried, miserable
angustioso, -a full of anguish
anoche last night
anteayer three days ago
anterior previous, before
antes before
añadir to add
apagar (gu) to shut off, turn off
apenas barely, scarcely
apostar (ue) to bet
apretar (ie) to push, press down
apuntar to point, aim
armario wardrobe, cabinet
arrancar (qu) to start
asegurar(se) to make sure
asesinar to kill
así so, thus, therefore, so that
asombrado, -a amazed, astonished
asunto matter
asustar to frighten
atado, -a tied, bound
atención attention
  prestar atención to pay attention
atontar to stun, stupefy
atrás behind, backwards
aun even, including
aún yet, as yet, still
aunque even though, though
avenida avenue, street
avisar to advise, warn
ayudante, el assistant, helper
ayudar to help

B

bajar to go down, get out of
  bajar por la escalera to go downstairs

baño bath
   traje de baño bathing suit
bello, -a beautiful, lovely
bigote moustache
bloquear to blockade, block
boca mouth
bolsa bag
bolsillo pocket
borde, el border; edge
botón, el button
brillar to shine, sparkle
brincar (qu) to jump
brisa breeze
broma joke
bruja witch

C

caballero gentleman
   caballero andante knight errant
cabello hair
cabeza head
   dolor de cabeza headache
cada each
caer(se) IR to fall
   dejar caer to drop
cajón, el drawer
calor, el heat
   hacer calor to be hot
calvo, -a bald
cama bed
cambiar to change
camisa shirt
canasta basket
cansado, -a tired
cántaro pitcher
   llover a cántaros to rain cats and
   dogs
cara face
cargar (gu) to carry
carretera highway
casado, –a married
casar(se) (con) to marry, get married
casi almost
caso case, event
   hacer caso a to pay attention to
cenar to dine
cercano, -a nearby
cerrar (ie) to close
cicatriz, la scar
ciudad, la city
clavadista, el diver
cobarde coward
coger (j) to catch, grasp, seize
colgar (gu) to hang
colilla cigarette butt
comentar to comment
comenzar (ie) (c) to begin
compra purchase, buying
conducir (zc) (j) to lead, drive

confuso, -a confused
conocer (zc) to know
construir IR to build
contar (ue) to tell
convertirse (ie) (i) to become conver-
   ted, changed
corredor, el hallway
corregir (i) (j) to correct
costa coast
crecer (zc) to grow
creer to believe
creerse to consider oneself
cruzar (c) to cross
cuadra block
cuadro picture
cuenta bill, account
   darse cuenta de to realize
cuidadoso, -a careful
cuidar to take care of, care for
culebra snake

CH

chillido squeal, squeak
chocar (con) (qu) to collide, run into
chofer, el driver

D

dar IR to give
   dar gracias to thank
   dar una vuelta to take a walk, to go
   around
   darse cuenta de to realize
datar to date; begin from
de of; from
   de repente suddenly
debajo (de) under, underneath
deber to ought
débil weak
decidir to decide
decir IR to say, tell
decirse to say to oneself
defenderse (de) (ie) to defend oneself
   against
dejar to let, allow; to leave
   dejar caer to drop
delgado, -a thin
demasiado enough, too, excessively
derecho law; right; straight
desaparecer (zc) to disappear
descansar to rest
descompuesto, -a broken
descubrir to discover
desmayarse to faint
despertarse (ie) to wake up
desprecio disdain, scorn
destreza skill
destruir IR to destroy
detrás (de) behind, in back (of)
diente, el tooth

dirección, la direction; address
dirigir (j) to direct, lead
disculpar to excuse
disfrutar (de) to enjoy
dolor, el pain
   dolor de cabeza headache
dormir (ue) (u) to sleep
dormitorio bedroom
dudar to doubt
dueño owner
dulce sweet
dulces candy

E

echar to throw, throw out
embarcar (qu) to begin, start out
empezar (ie) (c) to begin
empujar to push
en in, on
   en seguida right away
   en vez de instead of
enamorarse (de) to fall in love (with)
encender (ie) lo light; burn
encerrar (ie) to enclose; shut up
encima on (top of)
enfático, -a emphatic
enfrente opposite; facing; in front
ensalada salad
enseñar to show
entender (ie) to understand
entrada entrance
entregar (gu) to hand, give
equivocarse (qu) to make a mistake
escalera stairway
escoger (j) to choose
escrito, -a written
escuchar to hear, listen
espalda back
esperar to hope; wait
espíritu, el spirit
estacionar to park
estar IR to be
   estar listo, -a to be ready
   estar seguro, -a to be sure, certain
estómago stomach
estrecho, -a narrow
estrellar to shatter
explicar (qu) to explain
extender (ie) to extend outstretch
extraño, -a strange

F

faltar to lack
fantasma, el phantom, ghost
feroz fierce
fiel faithful, loyal, devoted
fijar(se) to pay attention
firmar to sign

fondo bottom
forzar (ue) (c) to force
fotografía photograph
   sacar fotografías to take pictures
frenar to brake, put on the brakes
frijol el bean
frito, -a fried
fumar to smoke
funcionar to function, work
furia fury, rage, anger

G

gallina hen
   piel de gallina goosebumps
ganar to earn
golpe, el blow
golpear to hit, strike
gordo, -a fat
gracias thanks
   dar gracias to thank
grave serious
grito shout
gustar to be pleasing, like

H

haber IR to have
habitación room, bedroom
hacer IR to make, do
   hace — años — years ago
   hace calor it's not
   hacer caso a to pay attention to
   hacerse to become
hacia toward
hallar to find
hambre, el hunger
   tener hambre to be hungry
hambriento, -a hungry, ravenous
heredar to inherit
hierba weed
hierro iron
hoja leaf
hondo, -a deep
huir IR to flee

I

idioma, el language
imaginar(se) to imagine
impedir (i) to impede, prevent
impermeable, el raincoat
importar to be important, matter
increíble incredible
inquieto, -a anxious, uneasy
interrumpir to interrupt
investigador detective
ir IR to go
irse IR to go away

J

jalar to pull
jamás never
jamón, el ham
jardín, el garden
jefe, el boss
jurar to swear

L

ladrón, el thief
lágrima tear
lancha boat
lanzar (c) to throw, launch
lejano, -a distant, far
levantar to raise, lift
levantarse to stand up
librar to free
limpiar to clean
listo, -a ready; prompt; clever
   estar listo, -a to be ready
lugar, el place

LL

llegar (gu) to arrive
lleno, -a full
llevar to wear, carry
llorar to cry
llover (ue) to rain
   llover a cántaros to rain cats and
   dogs

M

manejar to drive
mantener IR to maintain
mantequilla butter
mar, el sea
marcharse to go, go away
matar to kill
medianoche, la midnight
mejor better
mejorar to improve
menos less
mercado market
meter to put in, place
miedo fear
   tener miedo to be afraid
mientras (que) while, as
   mientras tanto meanwhile
mirar to look, look at
mirarse to look at one another
mismo, -a same
mitad, la half
montar (a) to mount, ride
   montar a caballo to ride a horse
morir (se) (ue) (u) to die

mostrar (ue) to show
muelle, el dock
muerto, -a dead
mundo world
murmurar to murmur
muy very

N

nadar to swim
nadie no one, nobody
nariz, la nose
nube, la cloud
nunca never

O

o (ó) or (accented when used between
   numbers)
ocupado, -a busy
ocurrir to occur, happen
oído ear
oír IR to hear, listen
ola wave
olor, el smell, odor
olvidar(se) (de) to forget
opuesto, -a opposite
oreja ear
orgulloso, -a proud
oscuro, -a dark

P

pagar (gu) to pay
paisaje, el landscape
pálido, -a pale
palpitar to beat, palpitate
pantuflas slippers
pañuelo handkerchief
parar to stop
pararse to stand up
parecer (zc) to seem
parecerse (a) (zc) to look like
pared, la wall
pasajero passenger
pasar to happen; spend (time); pass
patada kick
paz, la peace
pedazo piece
pedir (i) to ask for, order
pegar (gu) to stick
   pegar un grito to let out a scream
   (col.)
películas movies
peligro danger
peligroso, -a dangerous
pena embarrassment
penoso, -a embarrassing
perder(se) (ie) to lose (oneself); get
   lost

pesar, el grief, regret
  a pesar de in spite of
pescado fish
pez, el fish
pie foot
pintoresco, -a picturesque
pintura painting
pistola pistol
pocos, -as few
poder (ue) (u) to be able
policía, el police officer
policía, la police (in general)
poner IR to place, put
ponerse IR to become; begin; put on
  (clothing)
por by, on behalf of, through
  por fin finally
  por si acaso in case
precio price
preguntar to ask
prender to light, turn on
preocuparse (de) to worry (about)
presentimiento foreboding
prestar to lend, loan
  prestar atención to pay attention
prisa hurry
probar (ue) to test, try out, prove
propio, -a own
proximidad, la nearness
puente, el bridge
puerto port
puesto booth, stall, stand

Q

que that, who, which, what
quedar to be
quedarse to remain, stay
quejarse to complain
querido, -a dear
quitarse to take off (clothing)
quizá, quizás perhaps, maybe

R

raro, -a strange
rascar (qu) to scratch
rato short time, while
ratón, el mouse
recibir to receive
recoger (j) to pick up, gather
reconocer (zc) to recognize
reconstruir IR to reconstruct, rebuild
recordar (ue) to remind, remember
recorrer to run through; travel
redondo, -a round
reflejar to reflect
refresco cool drink
refugio hideout
regañar to scold

reír IR to laugh
reírse (de) IR to laugh (at)
reja grating, grillwork
repente sudden movement
  de repente suddenly
repetir (i) to repeat
resolver (ue) to resolve
responder to respond, answer
respuesta answer
reunirse to meet
revelar to reveal, disclose
revivir to revive
risa laughter
robar to steal
rodar (ue) to roll
romper to break
rosado, -a pink
rubio, -a blond, fair
ruido noise

S

saber IR to know
sacar (qu) to take out, bring out
  sacar fotografías to take pictures
salir IR to leave
saludar to greet
salvar to save
salvavidas lifesaver, life preserver
sangre, la blood
sangriento, -a bloody
satisfecho, -a satisfied
seguida following
  en seguida right away
seguir IR to follow
sentido sense
sentir (ie) (i) to feel
sentirse (ie) (i) to feel (well, bad, sad,
  etc.)
servir (i) to serve
si if
significar (qu) to mean
siguiente following
sin without
  sin embargo however, nevertheless
sino but, except
  no sólo...sino también not only...but
    also
sólo only, solely
  no sólo...sino también not only...but
    also
soltar (ue) to release, to burst out
  into laughter, etc.
sonar (ue) to ring
sonido noise, sound
sonreír IR to smile
soñador, el dreamer
soñar (con) (ue) to dream (about)
sopa soup
soplar to blow

sorprendido, -a surprised
sospecha suspicion
suave soft
sugerir (ie) (i) to suggest
sumamente extremely, chiefly
suspirar to sigh
suspiro sigh

T

techo roof
temer to fear
tener *IR* to have
  tener hambre to be hungry
  tener miedo to be afraid
  tener que to have to
  tener razón to be right
tiburón, el shark
tirar to throw
tirarse to throw oneself
tocar (qu) to play
todavía still, yet
tomar to drink
tonto, -a foolish, stupid
toser to cough
traer *IR* to bring
traje, el suit
  traje de baño bathing suit

tratar to try
travieso, -a mischievous

V

vacilar to hesitate
vacío, -a empty
valiente brave
varios, -a various
vecino, -a neighbor
vendedor, -a seller
venir *IR* to come
ver to see
  a ver let's see
vestido, -a dressed
vez, la time
  en vez de instead of
virar to veer
vista sight, scene
visto, -a seen
vivo, -a alive; lively
volar (ue) to fly
volver (ue) to return
  volver a — to — again
  voz, la voice

Z

zócalo plaza (Mex.)